Ein ganz besonderer und wahrscheinlich heiß ersehnter Tag ist für Ihre Tochter der erste Schultag – der erste Tag, an dem man zu den Großen gehört, an dem man mit Gewissheit wieder ein Stückchen gewachsen ist, wenn nicht in Zentimetern, dann doch gewiss im Geiste! Ein Tag, der Beachtung finden und gebührend gefeiert werden sollte!

Endlich wie die Großen lesen und rechnen können, das wünschen sich fast alle Kinder! Bei den meisten Kindern überwiegt die Freude über die neuen Fähigkeiten, auch wenn sie mit einigen Mühen verbunden sind – was eine neue, nicht immer leichte Erfahrung für Ihre Tochter sein wird. Ob Ihre Tochter nun den Wechsel in die Schule mit viel Vorfreude herbeisehnt oder ihm mit gemischten Gefühlen gegenübersteht, ein neuer Lebensabschnitt beginnt (auch für Sie!). Feiern Sie diesen!

In diesem Buch finden Sie die beliebtesten Motive für große Mädchen: Pferde, Schmetterlinge, Prinzessinnen, Märchenschlösser, Süßes und Fruchtiges, Hexen und Feen. Die kleinen Geschenke in der Tüte oder als Tütenverschluss lassen das Strahlen in den Augen der zukünftigen Erstklässlerin noch größer werden. Genau diese Kleinigkeiten machen einen so wichtigen Tag unvergesslich und schön!

Einen wunderschönen Schulstart und viel Spaß beim Basteln wünschen Ihnen Ihre

Gudrun Schmitt   Christiane Steffan   Anja Ritterhoff

Zaubra, die Hexe

schaut keck aus ihrem Fenster

MATERIAL

* Schultütenrohling in Pink, 70 cm hoch
* Rolle Krepppapier mit Zebramuster, 50 cm breit
* Fotokarton oder Tonpapier in Grau und Lila, je A3
* Fotokarton in Orange, A4
* Fotokartonreste in Schwarz, Hautfarbe, Weiß, Hell- und Dunkelbraun, Hellgrün, Pink, Türkis und Gelb
* Naturbastrest in Orange
* Wollfadenrest in Braun
* Haargummis
* doppelseitiges Klebeband
* Lackmalstift in Weiß

VORLAGE

Bogen 1A

1 Das orangefarbene Papier für die Spitze über einer Tischkante rund rollen und mit starkem doppelseitigem Klebeband um die Schultütenspitze kleben. Von der schmalen Seite des Zebra-Krepppapiers einen ca. 3 cm breiten Streifen abschneiden, kürzen und ebenfalls mit doppelseitigem Klebeband um den Abschluss der orangefarbenen Spitze kleben. Das restliche Krepppapier raffen (siehe vordere Umschlagklappe), mit dem Tacker zusammenheften und als Manschette in die Schultüte kleben.

2 Alle Motive abpausen, auf Fotokarton übertragen und ausschneiden.

3 Hauchen Sie nun dem Gesicht der Hexe etwas Leben ein: Einen pinkfarbenen Mund, rosafarbene Wangen und die Augen mit schwarzem Filzstift aufmalen. Die Nase und wenige orangefarbene Baststücke als Haare aufkleben und den Hut aufsetzen. Das Hutband und den Totenschädel auf den Hut kleben.

4 Bemalen Sie den Kragen im Karomuster und schattieren Sie alle Teile wie abgebildet. Dann die einzelnen Elemente zusammensetzen. Den braunen Wollfaden um den Besen knoten.

5 Die zweiteilige Katze zusammenkleben, mit Augen und Nase versehen und die Musterung mit weißem Lackstift aufmalen. Die fertige Katze in Hexe Zaubras Hände kleben, sodass die Daumen oben sind.

6 Die Elemente für den Fensterrahmen mit schwarzem Buntstift schattieren und bemalen. Den Firststein mit den Knochen bekleben und auf dem Rahmen fixieren.

7 Einen lilafarbenen Fotokarton so zuschneiden, dass er in den Rahmen passt. Darauf die Hexe festkleben. Kleben Sie abschließend das Motiv mit Heißkleber oder doppelseitigem Klebeband auf die Schultüte. Die Schultüte mit den bunten Haargummis verschließen.

Mein Tipp für Sie

Teamwork Lassen Sie Ihr Kind bei der Gestaltung der Schultüte mitbestimmen. Alternativ zum Zebra-Krepppapier können Sie z. B. auch Krepppapier in Maigrün, Türkisblau oder Gelb verwenden.

Zeit für einen Ausritt

in Richtung Pausenhof

MATERIAL

* Schultütenrohling, 70 cm hoch
* Karostoff in Rosa-Weiß, 65 cm x 65 cm
* Jeansstoff, 32 cm x 65 cm
* Tonpapier in Rosa, 10 cm x 70 cm
* Fotokarton in Elfenbein, A4
* Fotokartonreste in Hellbraun, Weiß und Rot
* Klebefolie Wildleder in Beige, 23 cm x 70 cm
* Formfilz in Dunkelbraun, 20 cm x 15 cm
* Fransenband in Braun, 5 cm breit, 40 cm lang
* Litze in Braun, 5 mm breit, 130 cm lang
* Litze in Elfenbein, 5 mm breit, 55 cm lang
* Satinband in Braun, 1,5 cm breit, 55 cm lang
* Kordel in Elfenbein, ø 2 mm, 60 cm lang
* 26 Herznieten in Silber, 5 mm hoch
* Klebepunkt in Schwarz, ø 8 mm
* Acrylfarbe in Weiß
* Zackenschere
* Sprühkleber

VORLAGE

Bogen 1A+4B

1 Alle Motive abpausen, auf Fotokarton bzw. Stoff übertragen und ausschneiden.

2 Sprühen Sie zuerst die Stoffstreifen für den Hintergrund der Schultüte mit Sprühkleber ein und kleben Sie sie auf. Die braune Litze bzw. das Fransenband an den Übergängen zwischen den einzelnen Streifen aufkleben. Den überstehenden Rand oben an der Schultüte einschneiden und in der Schultüte festkleben. Dann den Karostoff an einem Ende umbügeln (siehe TOPP-Tipps) und als Manschette einkleben.

3 Für den Hintergrund des Pferdekopfes ein Oval aus Fotokarton ausschneiden. Ein weiteres Oval mit der Zackenschere aus Wildlederklebefolie ausschneiden und auf den Fotokarton kleben. Umranden Sie das Oval mit der elfenbeinfarbenen Litze.

4 Die Mähne des Pferdes aus Formfilz ausschneiden. Kleben Sie nun die einzelnen Teile des Pferdes wie abgebildet zusammen, malen Sie das Gesicht des Pferdes mit schwarzem Filzstift und weißer Acrylfarbe auf und bringen Sie den schwarzen Klebepunkt als Pupille an. Das Pferd auf das Oval kleben und beides auf dem blauen Feld der Schultüte anbringen.

5 Fünf Hufeisen aus Formfilz ausschneiden und auf den Wildlederstreifen der Schultüte kleben. Durchstechen Sie vorsichtig die Hufeisen mit einem Cutter, drücken Sie die Nieten in Herzform ein und biegen Sie die Enden um. Nun noch eine weitere Niete an den Zügeln des Pferdes anbringen.

6 Die Schultüte abschließend mit dem Satinband und der Kordel verschließen.

Fruchtiges Vergnügen

gefilzte Erdbeeren

MATERIAL

* Schultütenrohling, 70 cm hoch
* Karostoff in Rot-Weiß kariert, 44 cm x 40 cm
* Stoff in Hellgrün, 27 cm x 65 cm
* Bastelfilz in Weiß, 25 cm x 57 cm
* Bastelfilz in Rot, 13 cm x 65 cm
* Litze in Weiß, 5 mm breit, 42 cm lang
* Litze in Hellgrün, 5 mm breit, 65 cm lang
* Karorüschenband in Rot-Weiß, 1,5 cm breit, 56 cm lang
* Chiffonband in Rot, 2,5 cm breit, 100 cm lang
* Filzwollreste in Hellgrün, Rot und Gelb
* feine Filznadel und Filzunterlage
* Sprühkleber

VORLAGE

Bogen 1B+4A

1 Alle Motive abpausen, auf Filz bzw. Stoff übertragen und ausschneiden.

2 Übertragen Sie das Erdbeermuster von der Vorlage auf den weißen Filz und filzen Sie die Erdbeeren, Stiele und Blätter mit der Filzwolle auf (siehe hintere Umschlagklappe).

3 Jetzt die Stoffstreifen für den Hintergrund der Schultüte mit Sprühkleber einsprühen und aufkleben. Fixieren Sie evtl. die Enden der Streifen zusätzlich mit Alleskleber. Die Litze und das Karorüschenband an den Übergängen zwischen den einzelnen Streifen und am Rand der Schultüte aufkleben.

4 Bügeln Sie den grünen Stoff am oberen Ende um und kleben Sie ihn am unteren Ende als Manschette in die Schultüte. Abschließend die Schultüte mit dem Chiffonband verschließen.

Das Filzen von Motiven erfordert ein bisschen Übung. Besorgen Sie sich als Anfänger daher lieber etwas mehr Filzwolle und probieren Sie das Filzen der Erdbeeren zunächst auf einem Probestück aus. Das Applizieren der Erdbeeren ist auf der hinteren Umschlagklappe genau erklärt.

Leckere Süßigkeiten

für kleine Schleckermäulchen

MATERIAL

* Schultütenrohling in Gelb, 70 cm hoch
* Rolle Krepppapier in Weiß, 50 cm breit
* Fotokartonreste in Rosa, Hellblau, Hellgrün, Weiß, Hellgelb, Pink, Mittelbraun, Beige und Silber
* Karokartonrest in Gelb-Weiß
* Karorüschenband in Rosa, 2 cm breit, 60 cm lang
* Papierdraht in Rosa und Braun, je 2 x 6 cm lang
* 3D-Softsticker „Süßigkeiten"
* Zuckerkette
* Abstandsklebepads
* Lackmalstift in Weiß

VORLAGE
Bogen 2B

1 Alle Motive abpausen, auf Fotokarton übertragen und ausschneiden.

2 Zuerst das rosafarbene Karorüschenband mit Heißkleber um den Rand der Schultüte und darunter die Süßigkeiten-Sticker kleben. Befestigen Sie die weiße Krepppapiermanschette oben in der Schultüte (siehe vordere Umschlagklappe).

3 Die Spirale mit Transparentpapier auf den Lutscher aus rosafarbenem Fotokarton übertragen, dann mit dickem rotem Filzstift aufmalen und mit rotem Buntstiftabrieb hervorheben. Die Pupillen mit schwarzem Filzstift in die Augen malen. Den Mund zeichnen, die Augen aufkleben und die Nase mit Abstandsklebepads ergänzen. Nun den Lichtpunkt auf der Nase mit weißem Lackmalstift aufmalen. Bringen Sie die Karokrempe und den Stiel unter dem Lutscher an und befestigen Sie die Papierdrahtarme mit den Händen.

4 Für den Schokoriegel die beiden braunen Fotokartonteile mit braunem Bunt- und Filzstift bemalen und zusammensetzen. Augen, Nase und Papierdrahtarme mit Händen ergänzen. Die hellblaue Banderole wie abgebildet bemalen und beschriften, den silberfarbenen Fotokarton darunter kleben und beides über dem Schokoriegel fixieren.

5 Schneiden Sie fünf Bonbons aus verschiedenfarbigem Fotokarton aus, schattieren Sie sie mit Buntstiftabrieb und bemalen Sie sie mit Filzstiftpunkten. Alle Süßigkeiten auf der Schultüte festkleben und die Schultüte mit der Zuckerkette verschließen. Lecker!

Mein Tipp für Sie

Gemeinsam backen Bei dieser Schultüte liegt es natürlich nahe, sie auch mit Schokolade und anderen Leckereien zu füllen. Damit der Inhalt etwas abwechslungsreicher ist, können Sie die Süßigkeiten aber auch um Backzutaten ergänzen: eine Kinderbackmischung, bunte Zuckerstreusel und -verzierungen, ein Kinderbackbuch, eine Schürze, Topfhandschuhe u. Ä. Einem gemeinsamen Backtag mit der angehenden Bäckerin steht dann nichts mehr im Wege!

SCHOKO

Plastische Effekte erwecken diese Giraffe zum Leben. Die Blätter werden vor dem Aufkleben über ein Falzbein oder einen Finger gewölbt und wirken daher so plastisch. Die Flecken und die Mähne sind aus Bastelfilz und machen diese Giraffe streichelzart.

Langhälse unterwegs

für Tierfreunde

MATERIAL

* Schultütenrohling in Hellgrün, 70 cm hoch
* Rolle Krepppapier in Orange, 40 cm breit
* Fotokartonreste in Weiß, Orange und Hellgrün
* Fotokarton in Gelb, 50 cm x 70 cm
* Bastelfilz in Braun, 20 cm x 30 cm
* Wolle in Braun, 3 m lang
* Halbperlen in Schwarz, ø 5 mm

VORLAGE

Bogen 1B

1 Alle Motive abpausen, auf Fotokarton übertragen und ausschneiden.

2 Befestigen Sie die orangefarbene Krepppapiermanschette oben in der Schultüte(siehe vordere Umschlagklappe).

3 Fertigen Sie nun den Kopf der Giraffe: Die Augen aufkleben, die Hörner aus Filz mit wenig Klebstoff anbringen und die beiden orangefarbenen Innenohren aufsetzen. Die Halbperlen als Pupillen in die Augen kleben. Den Mund und die Nasenlöcher aufmalen. Die Wange mit Buntstift röten. Die Ohren schwarz umranden und die Augenbrauen aufmalen.

4 Als Nächstes den Giraffenhals gestalten: Die Fellflecken aus Filz mit wenig Klebstoff aufkleben. Den Filzstreifen für die Mähne alle 1 cm ca. 2 cm tief einschneiden und hinter den Hals kleben.

5 Kleben Sie nun den Kopf auf den Hals der Giraffe und fixieren Sie beides auf der Schultüte.

6 Nun aus hellgrünem Fotokarton 16 Blätter ausschneiden und mit grünem Buntstift die Blattstruktur aufmalen. Die Blätter über die Finger rollen, damit sie plastischer werden. Die Schultüte wie abgebildet damit verzieren.

7 Die Wolle in drei gleich große Stücke schneiden, flechten und verknoten. Verschließen Sie die Schultüte mit dem braunen Flechtband – natürlich nicht, ohne sie zuvor liebevoll gefüllt zu haben.

LEA

I mog di

für Heimatverbundene und Volksfestfreunde

MATERIAL

* Schultütenrohling, 70 cm hoch
* Jeansstoff in Blau, 37 cm x 35 cm
* Karostoff in Blau-Weiß, 42 cm x 65 cm
* Baumwollstoff in Weiß, 33 cm x 65 cm
* Baumwollstoff in Weiß mit Lochmuster, 28 cm x 65 cm
* Samtband in Blau, 1,5 cm breit, 100 cm lang
* Spitzenband mit Herzen in Weiß, 2 cm breit, 65 cm lang
* Chiffonband in Blau, 7 mm breit, 90 cm lang
* Chiffonband in Creme, 5 mm breit, 90 cm lang
* Wachskordel in Blau, ø 1 mm, 30 cm lang
* Kette in Silber, 5 mm breit, 1 m lang
* Karoband in Rot-Weiß, 7 mm breit, 50 cm lang
* Fimo® in Braun, Weiß, Rot, Hellblau und Gelb
* Fimo®-Lack
* Brezelsalz
* Sprühkleber
* Rest Silberdraht, ø 0,4 mm
* Schmuckzange
* Schaschlikstäbchen
* Bügeleisen

VORLAGE

Bogen 1A+4A

1 Alle Motive abpausen, auf Stoff übertragen und ausschneiden.

2 Zuerst die Streifen für den Hintergrund der Schultüte mit Sprühkleber einsprühen und aufkleben. Fixieren Sie evtl. die Enden der Streifen zusätzlich mit Alleskleber.

3 Bügeln Sie beide Baumwollstoffe an den oberen Enden um und kleben Sie sie an den unteren Enden als Manschette in die Schultüte, sodass der Stoff mit Lochmuster außen liegt.

4 Aus der blauen Wachskordel zehn 3 cm lange Stücke schneiden. Messen Sie das blaue Samtband für den oberen Rand der Schultüte ab und kleben Sie zehn kleine Schlaufen aus der Wachskordel in gleichmäßigen Abständen dahinter. Kleben Sie dann wie abgebildet das Spitzenband mit den Herzen und das blaue Samtband an den oberen Rand der Schultüte.

5 Das Herz nach der Vorlage aus braunem Fimo® ausschneiden und den Namen des Schulkindes, die Herzen und die Randverzierung anbringen. Bohren Sie das Loch für das Karoband mit einem Schaschlikstäbchen. Formen Sie ebenso das Edelweiß, eine Brezel, kleine Herzen oder andere Motive. Für die Aufhängung jeweils kleine Ösen aus Silberdraht formen und befestigen. Das Brezelsalz in die Oberfläche der Brezel drücken.

6 Die Motive aus Fimo® nach Herstellerangaben backen, auskühlen lassen und mit Fimo®-Lack lackieren. Nach dem Trocknen an unterschiedlich lange Kettenstücke hängen und die Ketten an den Schlaufen im Samtband fixieren. Das große Herz mit dem Karoband an das Samtband hängen.

7 Verschließen Sie die Schultüte mit dem Chiffonband in Blau und Creme. Fertig!

Prinzessin Bellarosa

ein Mädchentraum in Rosa

MATERIAL

- Schultütenrohling in Pink, 70 cm hoch
- Rolle Krepppapier in Weiß, 50 cm breit
- Rolle Krepppapier in Hellrosa, 12 cm breit
- Fotokarton in Rosa, A4
- Scrapbookpapier „Miniflowers" in Rosa-Pink, 30 cm x 32 cm
- Fotokartonreste in Hautfarbe, Gelb und Weiß
- Glitzer Glue in Silber
- Plusterstift in Weiß
- Schnur in Silber, ø 1 mm, 10 cm lang
- 9 Strasssteine in Rosa, ø 5 mm
- Pomponborte in Weiß, 25 mm breit, 60 cm lang
- Haarband in Rosa
- Abstandsklebepads
- Lackmalstift in Weiß

VORLAGE
Bogen 2B

1 Alle Motive abpausen, auf Fotokarton übertragen und ausschneiden. Für die pinkfarbene Rüsche des Kleides können Sie die Rückseite des Scrapbookpapiers verwenden. Das rosafarbene Kleid nach der Vorlage mit silbernen Kringeln bemalen und trocknen lassen.

2 Jetzt die Zacken aus dem Scrapbookpapier auf den Rand der Schultüte kleben, die Spitzen mit Abstandsklebepads fixieren. Kleben Sie darüber die Pomponborte mit Heißkleber fest.

3 Die Zacken in den rosafarbenen Krepppapierstreifen schneiden. Den Streifen mit der geraden Kante auf das weiße Krepppapier legen, beide Lagen gleichzeitig raffen und heften. Die Manschette in die Schultüte kleben, diese füllen und mit einem rosafarbenen Haarband verschließen.

4 Das Gesicht der Prinzessin wie abgebildet mit Bunt- und Filzstiften gestalten. Die Augen mit schwarzem Filzstift aufmalen. Die Nase mit Abstandsklebepads aufkleben und mit weißem Lackmalstift einen Lichtpunkt setzen.

5 Schneiden Sie die Haare nach der Vorlage ein und schattieren Sie sie mit orangefarbenem Buntstiftabrieb. Den Kopf vorsichtig unter die Haare schieben und festkleben. Die Schnur in Silber wie abgebildet als Band um die Haare legen, hinten fixieren und vorne die Krone aufkleben. Mit dem Plusterstift kleine Perlen auf das Band setzen und trocknen lassen.

6 Verbinden Sie das Kleid mit dem Kopfteil und kleben Sie den Gürtel, die Rüschen und sieben Strasssteine auf. Von hinten den geblümten Unterrock und die Arme ergänzen. Die Schuhe mit weißem Lackmalstift aufmalen und mit je einem Strassstein schmücken. Die Beine unter das Kleid kleben.

7 Das Täubchen zusammensetzen und den Schnabel mit pinkfarbenem Filzstift aufmalen. Fixieren Sie die Taube unter den Händen der Prinzessin.

Schnelle Ideen, die Ordnung schaffen: Schneiden Sie eine Papprröhre (z.B. von Küchenpapier) in zwei 10 cm und 15 cm lange Teile und ummanteln Sie die Röhren wie abgebildet mit verschiedenen Papieren und Borten. Dann beide Röhren zusammenkleben und auf einem Papierkreis (ø 12 cm) fixieren. Für die Schachtel kleben Sie zunächst Zacken aus Scrapbookpapier um den Schachteldeckel (Schachtel: 12 cm x 18 cm) herum. Dann die Fläche des Deckels ebenfalls damit bekleben. Zum Schluss das Motiv mit den Tauben mittig auf den Deckel setzen.

Verwunschenes Märchenschloss

fürs Dornröschen

MATERIAL

* Schultütenrohling, 70 cm hoch
* Krepppapier in Weiß, 66 cm x 40 cm
* Karostoff in Rosa-Weiß, 50 cm x 32 cm
* Stoff in Rosa-Weiß gepunktet, 66 cm x 20 cm
* Tonpapier in Weiß, 60 cm x 30 cm
* Tonpapier in Rosa, 65 cm x 10 cm
* Fotokartonreste in Elfenbein, Grün, Lila, Rosa, Hellgrau, Dunkelgrau und Weiß
* Designfilz in Weiß, 30 cm x 10 cm
* 12 Pompons in Weiß, ø 1,2 cm
* Zackenlitze in Lila, 3 mm breit, 1,3 m lang
* Litze in Elfenbein, 5 mm breit, 70 cm lang und 7 mm breit, 65 cm lang
* Satinband in Rosa, 8 mm breit, 75 cm lang
* Chiffonband in Weiß, 2,5 cm breit, 75 cm lang
* Stanzer „Herz", 3 cm groß
* Sprühkleber

VORLAGE

Bogen 1A+4B

1 Alle Motive abpausen, auf Fotokarton bzw. Stoff übertragen und ausschneiden.

2 Zuerst die Streifen für den Hintergrund der Schultüte mit Sprühkleber einsprühen und aufkleben. Die Litze an den Übergängen zwischen den einzelnen Streifen anbringen. Die Ränder sauber nachschneiden.

3 Schneiden Sie dann nach der Vorlage Dreiecke aus dem Designfilz. Kleben Sie mit Heißkleber Pompons an die Spitzen der Dreiecke und kleben Sie anschließend die Dreiecke in den Rand der Schultüte. Die weiße Krepppapiermanschette hinter die Dreiecke in die Schultüte kleben (siehe vordere Umschlagklappe).

4 Für den Hintergrund des Schlosses ein Oval aus Fotokarton ausschneiden und mit Sprühkleber den Karostoff aufziehen. Schneiden Sie die Ränder nach und umranden Sie das Oval mit der 5 mm breiten, elfenbeinfarbenen Litze.

5 Nun die einzelnen Teile des Schlosses wie abgebildet mit Alleskleber zusammenkleben und schattieren. Das Schloss auf das Oval kleben und auf dem weißen Feld der Schultüte anbringen.

6 Zum Schluss sieben Herzen aus elfenbeinfarbenem Fotokarton stanzen und auf den rosafarbenen Tonpapierstreifen kleben.

7 Verschließen Sie die Schultüte mit dem Satin- und Chiffonband. Fertig ist das Märchenschloss!

Simsalabim!

und ich zaubere mir ...

MATERIAL

* Schultütenrohling aus Wellpappe in Weiß, 68 cm hoch
* Rolle Krepppapier in Rosa, 40 cm breit
* Fotokarton in Flieder, A3
* Fotokarton in Hautfarbe, Rosa und Gelb, je A4
* Fotokartonreste in Pink
* Papierdraht in Grün, ca. 12 cm lang
* 2 Halbperlen in Schwarz, ø 5 mm
* 11 Strasssteine in Lila, ø 8 mm
* 43 Strasssteine in Pink, ø 3 mm
* Glitzerstift in Pink
* Glitter Glue in Gelb, Pink und Lila
* Motivlocher „Herz“ und „Blume“, 2,5 cm groß
* Schleifenband in Rosa, 4,5 cm breit, 80 cm lang
* Dekoband in Pink, 1 cm breit, 1 m lang

VORLAGE

Bogen 2B

1 Alle Motive abpausen, auf Fotokarton übertragen und ausschneiden. Die Krepppapiermanschette in die Schultüte kleben (siehe vordere Umschlagklappe).

2 Die Haare, die Krone, die Flügel und den Rock der Fee sowie den Stern mit Glitter Glue verzieren und trocknen lassen.

3 Die Haare der Fee auf den Kopf kleben und die Krone dahinter platzieren. Die Augen aufkleben und das Gesicht gestalten. Die Wangen mit dem Buntstift röten. Den Pullover, die Flügel, die Schuhe und den Rock wie abgebildet zusammenkleben.

4 Malen Sie nun noch das Gesicht auf den Stern, kleben Sie den Stängel hinter den Stern und platzieren Sie ihn hinter der Hand der Fee.

5 Stanzen Sie mit den Motivlochern elf Blumen und elf Herzen aus und kleben Sie Strasssteine auf die Blumen.

6 Befestigen Sie die Fee auf der Schultüte, indem Sie unter die Haare und unter die Rockspitze Abstandsklebepads kleben. Verzieren Sie den Rand der Schultüte wie abgebildet mit den Blumen und Herzen und kleben Sie Blumen und Herzen unter die Fee.

7 An den Enden des pinkfarbenen Dekobandes die Herzen aufkleben und mit den Bändern die Schultüte verschließen.

Ein Buntstift voller Schätze

Hier wird geschrieben, gerechnet und gemalt!

MATERIAL

* Rolle Krepppapier in Lila, 40 cm breit
* Fotokarton in Pink, Hellblau, Hellgrün, Flieder, Orange und Schwarz, je A4
* Fotokartonreste in Gelb
* Fotokarton in Rosa und Creme, je 50 cm x 70 cm
* Satinbänder in Blau, Rot und Gelb, 3 mm breit
* 50 Strasssteine in Orange, ø 5 mm
* Lackmalstift in Weiß
* Schwamm in Blau

VORLAGE

Bogen 2A

1 Alle Motive abpausen, auf Fotokarton übertragen und ausschneiden. Auf dem Vorlagenbogen finden Sie eine große Auswahl von Buchstaben und Zahlen. Suchen Sie sich hier nach Lust und Laune Motive zum Gestalten Ihrer Schultüte aus.

2 Fertigen Sie zuerst den Buntstift mit einem Querschnitt in Form eines Sechsecks: Dazu den rosafarbenen Fotokarton alle 11 cm falzen. Die übrig bleibenden 4 cm (6 x 11 cm + 4 cm = 70 cm) dienen als Kleberand. Für den Wellenrand nach der Vorlage eine Schablone fertigen und die Wellen wie abgebildet ausschneiden. Kleben Sie dann den Stift zu einer Röhre zusammen.

3 Jetzt die Spitze des Buntstifts aus dem cremefarbenen Fotokarton ausschneiden und die Mine aus schwarzem Fotokarton ankleben. Um die Spitze mit dem Stift zu verbinden, benötigt man sechs 6 cm x 8 cm große Fotokartonstreifen. Diese Teile zuschneiden und jeweils längs in der Mitte knicken.

4 Nun die Spitze wie abgebildet in die Röhre schieben und die beiden Teile von innen mit Heißkleber mit den Fotokartonstreifen zusammenkleben.

5 Jetzt die Krepppapiermanschette einkleben und mit bunten Satinbändern schließen.

6 Kleben Sie jetzt noch die kleine Tafel zusammen und beschriften Sie sie mit dem weißen Lackmalstift. Die Tafel, den blauen Schwamm, die Buchstaben und die Strasssteine wie abgebildet auf die Schultüte kleben.

Auf dieser Schultüte gibt es viel zu entdecken. Eine niedliche Eule, ein munterer Fisch, eine flotte Biene und viele andere Tiere schließen sich der Arche Noah an. Schattierungen mit Buntstiften und fröhliche Gesichtszüge erwecken diese Tierchen aus Fotokarton zum Leben.

Arche Noah

Alle Tiere an Bord?

MATERIAL

* Schultütenrohling aus Wellpappe in Hellblau, 68 cm hoch
* Rolle Krepp-papier in Grün, 40 cm breit
* Fotokarton in Pink, Gelb, Zart-gelb und Hell-grün, je A4
* Fotokartonreste in Weiß, Schwarz, Rot, Lila, Flieder, Grau, Hautfarbe, Rosa, Hellblau, Orange und Hellbraun
* Abstandsklebe-pads
* Satinband in Hellblau, 1 cm breit

VORLAGE

Bogen 3A

1 Alle Motive abpausen, auf Fotokarton übertragen und ausschneiden.

2 Zunächst das pinkfarbene Dach auf das zartgelbe Haus kleben. Befestigen Sie die lilafarbene Tür. Fertigen Sie dann die Tiere auf dem Dach: Auf den Vogel einen Flügel und einen Schnabel aufkleben. Für den Schmetterling den Körper auf die Flügel kleben. Auf den Körper der Eule Bauch und Krallen kleben, dann Schnabel und Augen ergänzen und die Eule bemalen. Kleben Sie alle Tiere auf das Dach und malen Sie die Fühler des Schmetterlings auf.

3 Jetzt den Schiffsrumpf ausgestalten: Verzieren Sie die hellgrüne Reling mit den weißen Streifen und kleben Sie sie auf den gelben Schiffsrumpf. Zwei lilafarbene Bullaugen aufkleben und das Wasser ergänzen. Den Käfer und die Schnecke in den Bullaugen platzieren und beides bemalen.

4 Bitten Sie die Passagiere der Arche Noah an Bord: Für den Elefanten die Ohren und den roten Mund hinter den Kopf kleben und den Stoßzahn von vorne ankleben. Für Noah den Bart auf den Kopf kleben und den Kopf auf den Körper. Der Kuh Schnauze und Haare ankleben, die Hörner von hinten ergänzen und den Kopf auf den bemalten Körper kleben. Der Giraffe die Schnauze auf den Kopf kleben, die Hörner ergänzen und den Kopf auf den Hals kleben. Kleben Sie alle Figuren wie abgebildet hinter die Reling und ergänzen Sie die Hufe der Kuh und Noahs Hand.

5 Fertigen Sie jetzt noch den Fisch und die Krabbe an. Die Flosse des Fischs mit Abstandsklebepads ankleben.

6 Zum Schluss die Schultüte zusammenkleben, oben die Krepppapiermanschette einkleben (siehe vordere Umschlagklappe) und wie abgebildet mit den Motiven verzieren.

Eula und Eulinchen

zwei auf einem Ast

MATERIAL

* Schultütenrohling in Weiß, 70 cm hoch
* Rolle Krepppapier in Flieder, 50 cm breit
* Fotokarton in Pink, A3
* Fotokarton in Rosa, A5
* Fotokartonreste in Flieder, Weiß, Hellblau und Gelb
* Karo- und Punktekartonreste in Rosa-Weiß
* Glitzerkarton in Rosa, 23 cm x 33 cm
* 8 Strasssteine in Rosa, ø 1 cm
* Papierdraht in Blau, ø 2 mm, 15 cm lang
* Karoband in Blau, 1 cm breit, 20 cm lang
* Kinderuhr
* doppelseitiges Klebeband
* Abstandsklebepads
* Bindfaden in Weiß

VORLAGE
Bogen 3B

1 Alle Motive abpausen, auf Fotokarton übertragen und ausschneiden.

2 Eine fliederfarbene Krepppapiermanschette in die Schultüte kleben (siehe vordere Umschlagklappe). Den pinkfarbenen Fotokarton über einer Tischkante in Form bringen und mit doppelseitigem Klebeband um die Schultütenspitze kleben. Das blaue Karoband am Übergang zur Tüte festkleben.

3 16 Blätter aus dem rosafarbenen Glitzerkarton schneiden und von hinten beginnend rundum überlappend auf den Rand der Schultüte kleben. Die Blattspitzen mit Abstandsklebepads festkleben. Fixieren Sie zwischen jedem zweiten und dritten Blatt mit Heißkleber einen Strassstein.

4 Schattieren Sie die Eulenkörper mit etwas dunkleren Buntstiften. Die Gesichter, die mit schwarzen Pupillen bemalten Augen sowie die gelben Schnäbel ergänzen. Unter die Körper die Beine aus Motivkarton kleben.

5 Die große, rosa Eule auf dem kräftig in Pink schattierten Ast festkleben und darüber, nach Vorlage, erst die rechte Hand und dann die kleine Eule platzieren. Den Apfel mit blauen Stiften bemalen, mit dem Herz bekleben und mit einem Bindfaden an den kleinen Ast kleben. Zwei kleine sowie zwei große Blätter aus Glitzerkarton ergänzen.

6 Den pinkfarbenen Schirm mit zwei Feldern aus Musterkarton bekleben, die Schirmspitze ergänzen und den blauen Papierdraht als Stock hinter den Schirm setzen. Befestigen Sie den Schirm hinter den Eulen. Zum Schluss das Motiv auf der Schultüte fixieren und diese mit der Uhr verschließen.

Mein Tipp für Sie

Wellness Als Alternative zu Süßem kann man den kleinen Ladies auch schöne Pflegeprodukte in die Tüte füllen. Wie wäre es z. B. mit Badesalz, Badewasserfarben, einer duftenden Bodylotion, einem Kindershampoo, einem Fruchtlipgloss oder einem Quitscheentchen?

Die kleine Meerjungfrau

... und der Tintenfisch

MATERIAL

* Schultütenrohling, 70 cm hoch
* Stoff in Blau-Weiß gestreift, 65 cm x 33 cm
* Tonpapier in Hellblau, 60 cm x 25 cm
* Stoff in Sandfarben, 50 cm x 27 cm
* Krepppapier in Weiß, 68 cm x 33 cm
* Fotokartonreste in Glitzersilber, Gelb, Hautfarbe, Rot und Lila
* Fotokarton in Türkis, A 4
* Zackenlitze in Blau, 0,5 cm breit, 65 cm lang
* Litze in Weiß, 5 mm breit, 85 cm lang
* Litze in Natur, 8 mm breit, 50 cm lang
* Satinband in Türkis, 2,5 cm breit, 90 cm lang
* Chiffonband in Flieder mit Perlen, 1 cm breit, 90 cm lang
* Acrylfarbe in Weiß
* 12 kleine Muscheln
* Sprühkleber
* Abstandsklebepads

VORLAGE
Bogen 3B+4A

1 Alle Motive abpausen, auf Fotokarton bzw. Stoff übertragen und ausschneiden.

2 Zuerst die Streifen für den Hintergrund der Schultüte mit Sprühkleber einsprühen und aufkleben. Die Litze an den Übergängen zwischen den einzelnen Streifen und am Rand der Schultüte aufkleben.

3 Den überstehenden Rand oben an der Schultüte einschneiden und in der Schultüte festkleben. Dann eine weiße Krepppapiermanschette einkleben (siehe vordere Umschlagklappe).

4 Schneiden Sie als Nächstes die Schuppen auf der Flosse der Meerjungfrau mit dem Cutter ein, biegen Sie sie leicht nach oben und verzieren Sie sie mit Glitzerkarton. Kleben Sie das Oberteil der Meerjungfrau aus silberfarbenem Glitzerkarton auf.

5 Die Gesichter der Meerjungfrau und des Tintenfisches aufmalen und die Wangen mit Buntstiftspänen röten. Die Punkte auf dem Kopftuch des Tintenfisches und die Lichtpunkte in den Augen der beiden Figuren mit weißer Acrylfarbe auftupfen. Schattieren Sie die Meerjungfrau und kleben Sie jetzt die Krone, die Haare, das Gesicht, die Arme und den Körper der Meerjungfrau sowie den Tintenfisch wie abgebildet zusammen.

6 Die Meerjungfrau auf der Schultüte fixieren und die Muscheln mit Heißkleber befestigen.

7 Verschließen Sie die Schultüten mit dem Chiffon- und Satinband. Nun kann Ihre ABC-Schützin in die Tiefen des Schulalltags abtauchen.

MAREEN
EINLADUNG

Kunterbunte Fotoschultüte

Verwechslungsgefahr ausgeschlossen

MATERIAL

* sechseckiger 3D-Wellpappe-Schultütenrohling in Rot, 68 cm hoch
* Rolle Krepppapier in Hellblau, 50 cm breit
* Glitzerkarton in Rosa, A4
* Fotokartonreste in Hellgrün, Grün, Hellblau, Blau, Gelb, Orange, Rosa, Pink, Beige, Weiß und Silber
* Karo-Herzchenbordüre in Rot-Weiß, 2,5 cm breit, 1 m lang
* Strassblume in Gelb, ø 1,5 cm
* Foto der Schulanfängerin, ca. 12,5 cm x 17,5 cm
* Lackmalstift in Weiß
* Holzperlenkette
* doppelseitiges Klebeband

VORLAGE
Bogen 3A

1 Alle Motive abpausen, auf Fotokarton übertragen und ausschneiden.

2 Kleben Sie zuerst die Herzchenbordüre mit Heißkleber um den Rand der Schultüte und eine Krepppapiermanschette in die Tüte (siehe vordere Umschlagklappe).

3 Das weiße Kartonrechteck am Rand mit lila Streifen bemalen und das Foto der Schulanfängerin in der Mitte mit doppelseitigem Klebeband befestigen. Mit Heißkleber auf jede Ecke ein Karoherz kleben und alles auf dem rosa Glitzerkartonrahmen festkleben.

4 Für den Rahmen zwei kürzere und zwei längere Buntstifte mit helleren Streifen und beigefarbenen Buntstiftspitzen bekleben. Die Stifte aufkleben und die mit einem hellblauen Kreis unterlegte Krone ergänzen. Die Krone mit der gelben Strassblume schmücken.

5 Bemalen Sie den Füller aus hellgrünem Fotokarton mit grünem Bunt- und Filzstift und ergänzen Sie die silberfarbene Feder. Schreiben Sie den Namen der Erstklässlerin mit weißem Lackmalstift auf den Füller.

6 Den Rahmen mit wenig doppelseitigem Klebeband auf der Schultüte fixieren, damit man ihn später abnehmen und z. B. im Kinderzimmer aufhängen kann. Darunter den Füller und ein weiteres Karoherz aufkleben. Zum Schluss die Schultüte mit der Holzperlenkette verschließen.

Einladungskarte

Der kleine Füller passt auch wunderbar auf eine DIN Lang-Karte (10,5 cm x 21 cm), mit der man zur Einschulung einladen kann. Er wird mit „Einladung“ beschriftet und mit Abstandsklebepads auf hellblauen Fotokarton geklebt (6 cm x 17 cm). Den hellblauen Fotokarton auf einen mit lila Streifen bemalten weißen Fotokarton (7 cm x 18 cm) kleben. Abschließend mit Herzchen schmücken.

Schulstart-Girlande

Einen tollen Zimmerschmuck für die Einschulungsfeier können Sie fertigen, indem Sie die größeren Füller und Buntstifte (siehe Vorlage) im Abstand von ca. 8 cm mit Heißkleber an eine Schnur kleben.

Luis

Ein Traum in Rosa

mit Herz und Schmetterling

MATERIAL

* Schultütenrohling aus Wellpappe in Rosa, 68 cm hoch
* Rolle Krepppapier in Gelb, 10 cm breit
* Rolle Krepppapier in Weiß, 50 cm breit
* Fotokartonreste in Hellgrün, Weiß, Gelb, Rot, Lila, Flieder, Rosa, Hellblau und Pink
* Glitter Glue in Pink
* Chenilledraht in Pink, 10 cm lang
* 30 Strasssteine in Pink, ø 5 mm
* Band mit Herzen, 80 cm lang
* Bast in Rot, 90 cm lang

VORLAGE

Bogen 3B

1 Alle Motive von der Vorlage übertragen und aus Fotokarton ausschneiden.

2 Fügen Sie zunächst die Schultüte zusammen und kleben Sie das Band mit Herzen oben um den Rand der Schultüte.

3 Die Krepppapiermanschette wie abgebildet in die Schultüte kleben (siehe vordere Umschlagklappe).

4 Setzen Sie dann den Schmetterling zusammen: Die rosafarbenen Flügel mit den fliederfarbenen Spitzen schmücken und hinter den gelben Körper kleben. Mit Glitter Glue jeweils einen Kringel aufmalen und trocknen lassen. Ergänzen Sie die roten Flügel und setzen Sie jeweils einen Punkt aus pinkfarbenem Fotokarton zusammen mit einem Strassstein auf. Den Chenilledraht in der Mitte knicken und als Fühler hinter den Kopf kleben. Den Schmetterling auf der Schultüte fixieren.

5 Jetzt noch die Flügel und die Krone hinter das Herz kleben. Das Herz auf der Schultüte befestigen und die rosafarbenen Kringel unterhalb davon ergänzen. Jeweils eine weiße Blütenmitte auf die Blüte kleben und alle Blüten arrangieren. Strasssteine wie abgebildet zwischen die Blüten kleben.

Mein Tipp für Sie

Ausgestanzt Die Blüten können auch gut mit einem Motivlocher ausgestanzt werden – das geht schneller und einfacher!

Gudrun Schmitt wurde 1963 in Fulda geboren und hat vier erwachsene Kinder. Kreativ ist sie schon seit Kindertagen. Später leitete sie Kinderkreativkurse und Seidenmalkurse in verschiedenen Bildungsstätten. 1998 erschien in Zusammenarbeit mit ihrer Schwester ihr erstes Kreativbuch im frechverlag.

Christiane Steffan lebt mit Mann, Hasen und Hühnern im Odenwald. Sie hat schon immer gerne gemalt und gebastelt. Seit 2001 veröffentlicht sie Bastelbücher zu verschiedenen Themen, meistens aber alles rund ums Papier. Anregungen, Kritik oder Fragen können Sie unter Christiane.Steffan@web.de direkt an die Autorin richten.

Anja Buschmann hat unter ihrem Mädchennamen „Ritterhoff" bereits zahlreiche Bücher im frechverlag veröffentlicht. Sie lebt in Lübeck und liebt es, sich auf Reisen und im Alltag von Formen, Farben und kreativem Arbeiten mit Kindern für ihre Bücher inspirieren zu lassen. Weitere Informationen finden Sie unter www.ritterhoff.de

DANKE! Die Autorinnen danken den Firmen efco (Rohrbach), Rayher (Laupheim), Knorr-Prandell (Lichtenfels) und Heyda (Heilbronn) für die freundliche Bereitstellung von Materialien.

TOPP – Unsere Servicegarantie

WIR SIND FÜR SIE DA! Bei Fragen zu unserem umfangreichen Programm oder Anregungen freuen wir uns über Ihren Anruf oder Ihre Post. Loben Sie uns, aber scheuen Sie sich auch nicht, Ihre Kritik mitzuteilen – sie hilft uns, ständig besser zu werden.

Bei Fragen zu einzelnen Materialien oder Techniken wenden Sie sich bitte an unseren Kreativservice, Frau Erika Noll.
mail@kreativ-service.info
Telefon 0 50 52 / 91 18 58

Das Produktmanagement erreichen Sie unter:
pm@frechverlag.de
oder:
frechverlag
Produktmanagement
Turbinenstraße 7
70499 Stuttgart
Telefon 07 11 / 8 30 86 68

LERNEN SIE UNS BESSER KENNEN! Fragen Sie Ihren Hobbyfach- oder Buchhändler nach unserem kostenlosen Kreativmagazin **Meine kreative Welt**. Darin entdecken Sie die neuesten Kreativtrends und interessantesten Buchneuheiten.

Oder besuchen Sie uns im Internet! Unter **www.topp-kreativ.de** können Sie sich über unser umfangreiches Buchprogramm informieren, unsere Autoren kennenlernen sowie aktuelle Highlights und neue Kreativtechniken entdecken, kurz – die ganze Welt der Kreativität.

Kreativ immer up to date sind Sie mit unserem monatlichen **Newsletter** mit den aktuellsten News aus dem frechverlag, Gratis-Bastelanleitungen und attraktiven Gewinnspielen.

IMPRESSUM

MODELLE: Christiane Steffan (Seite 2, 8, 14, 24 und 28), Gudrun Schmitt (Seite 4, 6, 12, 16 und 27), Anja Buschmann (Seite 10, 18, 20, 22 und 30)

FOTOS: frechverlag GmbH, 70499 Stuttgart; Christiane Steffan: Schrittbilder zu „Motive aus Papier basteln" (vordere Umschlagklappe); Gudrun Schmitt, Fulda: Schrittbilder zu „Motivteile aus Stoff arbeiten" und „Motive mit der Filznadel applizieren" (hintere Umschlagklappe); fotolia.de", somenski: Foto zu „Sicher zur Schule" und „Fit für den Schultag" (hintere Umschlagklappe); lichtpunkt, Michael Ruder, Stuttgart (alle übrigen)

PRODUKTMANAGEMENT: Susanne Meyer

LEKTORAT: Susanne Meyer und Susanne Dubbers

GESTALTUNG: Atelier Schwab, Handewitt

DRUCK UND BINDUNG: Grafisches Centrum Cuno GmbH & Co. KG, Calbe Printed in Germany

Auflage:	5.	4.	3.	2.	1.	
Jahr:	2016	2015	2014	2013	2012	[Letzte Zahlen maßgebend]

ISBN 978-3-7724-3956-5 • Best.-Nr. 3956